QU'EST-CE QUE LE QUATRIÈME ÉTAT ?

RIEN

QUE DOIT-IL ÊTRE ?

TOUT

QUE DEMANDE-T-IL A ÊTRE ?

UN PEU PLUS

PAR

Monseigneur FÈVRE

PROTONOTAIRE APOSTOLIQUE

Ceci tuera cela.

Prix : 0 fr. 75.

DELHOMME ET BRIGUET, ÉDITEURS

PARIS	LYON
rue de l'Abbaye, 13	3, avenue de l'Archevêché, 3

OUVRAGES RÉCENTS DE MGR FÈVRE.

La séparation de l'Église et de l'État, gr. in-8 de 195
pages . . . . 2 fr.

La restauration du droit canonique, gr. in-8 de XX-150
pages . . . . 2 fr.

Le Cartulaire de Riaucourt, in-8°. . . . . 3 fr.

Principes et conduite de Saint-Sulpice, in-8°. . . . 2 fr.

Sous presse.

Du droit civique des curés et notamment du droit d'écrire.
Lettre à LL. EE. les cardinaux Rampolla, secrétaire d'État, et
V. Vanutelli, préfet de la Cóngrégation des Évêques et Ré-
guliers.

LE QUATRIÈME ÉTAT

QU'EST-CE QUE LE QUATRIÈME ÉTAT ?

RIEN

QUE DOIT-IL ÊTRE ?

TOUT

QUE DEMANDE-T-IL A ÊTRE ?

UN PEU PLUS

PAR

Monseigneur FÈVRE

PROTONOTAIRE APOSTOLIQUE

Ceci tuera cela.

DELHOMME ET BRIGUET, ÉDITEURS

PARIS | LYON
13, rue de l'Abbaye, 13 | 3, avenue de l'Archevêché, 3

QU'EST-CE QUE LE QUATRIÈME ÉTAT ?

I

Objectif de la révolution.

J'élève la voix pour dire, à la France, le mot qui doit dissiper ses incertitudes, mettre fin à ses agitations et illuminer son avenir.

A mon humble avis, ce que réclament nos convulsions sociales et ce qui doit les terminer, c'est l'avènement du quatrième état.

Qu'est-ce que le quatrième état ? — Rien. — Que doit-il être ? — Tout. — Que demande-t-il à être ? — Quelque chose.

J'entends, par quatrième état, le monde ouvrier, cette multitude d'hommes qui mangent, à la sueur de leur front, le pain de chaque jour. Ce quatrième état est, dans ma pensée, le successeur naturel et légitime du tiers-état, troisième corps privilégié de l'ancien régime, devenu, par l'éviction du clergé et de la noblesse, depuis 1789, le détenteur unique, le bénéficiaire à peu près exclusif, des avantages de la société française.

Le tiers-état, en 1789, d'après Sieyès, n'était rien ; depuis 1789, il est tout : je demande qu'il soit mis au niveau du quatrième état, ou que le quatrième état soit élevé à son niveau. Plus de privilèges ; pour tous, une égale justice ; et, pour la bourgeoisie, comme pour le clergé et la noblesse, la fin des abus de l'ancien régime.

En 1789, l'ancien régime, en ce qu'il avait d'abusif, n'a été détruit qu'en partie ; je demande qu'il soit détruit absolument, radicalement, et que tous les citoyens français, *politiquement égaux* devant les urnes du suffrage universel, soient *socialement égaux* devant la constitution, le code civil, le budget et les frais de l'État.

Avant 1789, les citoyens français qui n'avaient pas l'honneur d'appartenir au tiers, à la noblesse et au clergé, travaillaient au profit des corps privilégiés de l'État ; depuis 1789, ils travaillent au profit de la bourgeoisie. Je demande qu'ils travaillent pour eux-mêmes ; qu'ils recueillent, au profit de leur famille, les fruits de leur travail ; et qu'ils ne contribuent aux frais d'État, aux charges du budget, que pour une quote-part à déterminer, mais qui devra être proportionnellement égale pour tous. C'est la conséquence forcée du droit commun, l'achèvement normal de la révolution.

Ce progrès est la consigne providentielle de notre temps ; les ouvriers le poursuivent comme d'instinct ; par égoïsme ou par ignorance, les bourgeois s'y refusent, et devant les revendications du travail, se bornent à des transactions. Pacifiquement ou non, une solution définitive s'impose : *Alea jacta est*. — Tel qu'il est, notre état ne peut plus se supporter longtemps.

En cas de résistance, c'est le branle-bas d'une révolution. Je l'annonce sans que mon cœur hésite, ni que ma plume tremble. Mon âme tressaille plutôt d'allégresse, en voyant se lever, sur les petits et sur les pauvres, les meilleurs amis de Dieu, l'aurore d'un grand jour.

Cette conclusion ressort de notre état social, politique et économique ; elle marque l'œuvre qui doit désarmer l'anarchie et le socialisme ; c'est, au surplus, le mot d'ordre dicté, en quelque sorte, par tous les grands esprits du siècle.

Dès 1830, Lamennais, dont je ne prononce pas le nom sans que mon cœur saigne, Lamennais conjurait le Pape de prendre la tête du mouvement démocratique ; il voyait les classes inférieures monter, monter toujours ; il écrivit cette vision des sept rois qui boivent dans des crânes, le sang humain et foulent aux pieds la croix du Christ. Le Pape ne crut pas le moment venu d'opérer utilement cette conversion : il foudroya Lamennais, qui ne sut pas se montrer à la hauteur de la foudre.

En 1846, Chateaubriand écrit la dernière page des *Mémoires d'Outre-tombe* ; il pronostique l'avènement des masses populaires ; il annonce une ère de travail et de paix, dont il ne dessine pas clairement la constitution, mais dont il espère, grâce à l'Évangile, le bonheur du genre humain.

En 1847, le P. Ventura, dans l'éloge funèbre d'O'Connell, se plaint de l'hostilité des rois contre l'Église ; il prophétise, avec permission de Pie IX, l'heure où la Chaire apostolique se tournera vers les peuples, baptisera la démocratie et dira à cette héroïne sauvage : Règne !

Montalembert, plus jeune, voit le flot s'élever : « Je regarde devant moi, dit-il, je ne vois partout que les flots populaires s'amonceler ; je vois ce déluge monter, monter toujours, tout atteindre et tout recouvrir. Je m'en effrayerais volontiers, comme homme ; mais je ne m'en effraye pas comme chrétien, car, en même temps que le déluge, je vois l'arche. Sur cet immense océan de la démocratie, avec ses abîmes, ses tourbillons, ses écueils, ses calmes plats et ses ouragans, l'Église catholique porte l'avenir du monde. Vous pouvez demeurer dans ce vaisseau sans défiance, sans peur ; il ne sera jamais englouti. L'Église catholique seule a la boussole qui ne varie pas et le pilote qui ne fait jamais défaut. Elle a l'éternelle jeunesse de la Papauté ».

S'il y a des catholiques pour s'étonner de ces accents et pour en gémir, l'archevêque de Saint-Paul répond : « Il est déplorable que les catholiques soient devenus des êtres timides, ayant des débilités de serre chaude. L'action, l'action universelle, l'action de chacun : à la conquête des âmes ! Qui tient les masses règne. Mais les masses, c'est par le cœur qu'on les tient ; aucun pouvoir n'opère sur elles que celui qui touche à des âmes libres. Il est donc temps de revenir à l'esprit primitif de l'Évangile : il est temps d'aller sur les grandes routes et dans les chemins de traverse, de prêcher sur les toits et sur les places publiques. « Mgr Ireland fait écho à la consigne du patron de sa métropole : *Publicè et per domos.* « Le monde, dit-il encore, est entré dans une phase nouvelle, et le passé ne reviendra pas. La réaction est le rêve d'hommes assis aux portes des cimetières, pleurant sur des tombes qui ne se rouvriront plus jamais ».

Le cardinal Manning écrit de son côté : « Le siècle qui vient appartiendra *non aux capitalistes, ni à la bourgeoisie*, MAIS AU PEUPLE. Celui-ci se laisse maintenant amener à la raison et même à la religion. Si nous gagnons sa confiance, nous pourrons le conseiller. Si nous lui faisons opposition, il pourra détruire tout bien. Mais j'espère beaucoup de l'action de l'Eglise, que tous les gouvernements dépouillent et rejettent. Sa vraie demeure est chez le peuple ; il écoute sa voix ».

Gladstone avait dit précédemment. « Le XIXᵉ siècle est le siècle des ouvriers ». Malgré ce pronostic juste, Crispi disait à Palerme, en 1889 : « Aux classes inférieures tout manque et les délivrer de l'oppression est une entreprise difficile. En ce moment, ajoute-t-il sans hésiter, il faut affranchir les ouvriers du joug de l'esclavage, que leur imposent leur propre ignorance et *le capitalisme* ».

Le Pierre l'Ermite de la croisade pour l'émancipation de l'ouvrier, l'abbé Garnier dit au congrès d'Aurillac en 1888 : « Dieu semble en ce moment travailler des deux mains dans le monde. D'une main, il démolit les masures, je veux dire les pauvres institutions sociales, élevées en France par le paganisme moderne ; de l'autre, il jette les fondements de la maison nouvelle, composée d'âmes et d'institutions chrétiennes, par lesquelles il se propose d'habiter encore socialement notre patrie : Travaillons donc avec lui *à détruire* et *à édifier* ».

Mais toutes ces citations s'effacent devant la grande parole du Pontife Romain. Depuis son premier regard jeté sur le monde, Léon XIII, dans toutes ses encycliques, dresse, si j'ose ainsi dire, la constitution d'un monde nouveau ; il repousse la franc-maçonnerie, l'anarchie et le socialisme ; il expose les lois du mariage, de l'éducation et du gouvernement ; il commande aux

Français, le ralliement à la forme républicaine ; il applique, aux réalités discordantes de l'économie sociale, la loi charitable et juste, de l'Evangile, et s'il n'amnistie jamais, ni l'injustice, ni la violence, il donne aux pauvres, le baiser du Christ. Sonnez, cloches de France, et annoncez à tous les peuples le grand embrassement du prêtre et de l'ouvrier. Les temps maudits prennent fin ; une nouvelle ère s'inaugure par la main du Prince des Apôtres.

Et, de l'autre côté, que voyons-nous ? Des renégats du baptême, qui sont aussi des renégats de la justice et de la liberté ; un vil ramas de protestants, de juifs, de francs-maçons et de libres penseurs, qui veulent faire une société sans Dieu et reconstruire le monde sans jeter dans les fondements, la pierre angulaire, qui est le Christ. Officiellement, il n'y a plus d'autres droits que les droits de l'homme. La religion est bannie ; l'Église, vouée à l'extermination. D'après les modernes docteurs, au-dessus de la souveraineté nationale, il n'y a rien. La raison humaine est elle-même la source de la moralité, de la justice et de la puissance. Tout ce que veut la volonté nationale est sacré. Organe de la volonté du pays, l'État jouit de l'omnipotence absolue, et, grâce à cette omnipotence, l'homme n'a plus besoin de vertu : il peut, sans troubler l'ordre, s'abandonner à tous les vices.

Or, ce symbole anti-chrétien n'est pas resté dans les régions abstraites de la théorie ; il est descendu dans le domaine des faits. Des milliers d'hommes, empoisonnés par de perfides rhéteurs, consciemment ou non, s'abandonnent sans remords à tous leurs instincts, et poussent le cri de la révolte : « Nous ne voulons pas que le Christ règne ». Sous l'euphémisme barbare de laïcisation, c'est Dieu qu'on chasse de partout. Ce gouvernement de l'humanité, que l'Eglise avait réglé sur les ordonnances du Christ, une fois écarté, voyez, je vous prie, les résultats. Vous avez arraché la pierre de l'angle, la maison croule. Les lois tombent les unes sur les autres, comme les murailles dans un tremblement de terre. Tous les problèmes d'ordre moral, économique, politique, international, attendent une solution. Vous l'avez promise, vous ne pouvez tenir votre promesse ; vous ne pouvez même pas établir l'autorité sur un fondement solide et moins encore déterminer les vraies conditions de la liberté publique. Jamais la personnalité humaine n'a été plus asservie, plus écrasée. Vous avez beau flatter le prolétaire ; votre industrie sans entrailles a transformé le monde en chaudières et les âmes immortelles en rouages souffrants et irrités. Qu'arrivera-t-il demain ? — L'idée d'une nouvelle terreur s'étend sur le monde appauvri de Dieu et dégradé par toutes les misères. On ne peut prévoir que des guerres fratricides : *Bella, horrida bella.*

Parmi les maudits de cette civilisation dégradante, le plus maudit, c'est le prêtre. Les scribes de la bourgeoisie et les bâtards du peuple français crient, aux oreilles du pauvre peuple, que le prêtre veut l'abrutir et l'opprimer ; ils conseillent au peuple, pour le soustraire à ces avanies, de dévorer le prêtre. L'imputation est absurde ; le conseil est une scélératesse. Je suis las de cette vile persécution ; à mon tour, je renvoie l'accusation aux accusateurs. J'accuse la bourgeoisie française, d'avoir, depuis cent ans : 1° livré le peuple à l'anarchie des forces économiques ; 2° de l'avoir exploité par son système de gouvernement ; 3° dans les deux cas, de l'avoir, sous tous les rapports, démoralisé et ruiné : *Quod est demonstrandum.*

Il n'y a pas, pour le moment, de plus grave problème.

II

L'anarchie économique.

La révolution de 1789 a mis fin au régime féodal. Le régime féodal se caractérisait par l'embrigadement universel des biens, et des personnes : chaque personne devait hommage, chaque bien payait sa redevance. La révolution fait table rase de ce régime, elle ne laisse subsister que des terres affranchies et des personnes libres. Mais, par là même qu'elle a détruit les vieux cadres, dissous les anciens organismes, mis à terre les communautés rurales, les corporations industrielles, les confréries de métier, sous peine de rester en pleine anarchie, elle devait établir l'économie de la nation et la balance des intérêts. Puisque le privilège était supprimé, que la naissance n'était plus de rien, que le travail et ses produits seuls étaient tout, il est évident qu'après avoir anéanti le régime féodal il fallait constituer un régime d'égalité et de justice. Or, cette société nouvelle, qu'il fallait organiser, la bourgeoisie triomphante n'en eut cure, et cent ans après la célèbre nuit du 4 août, elle n'existe pas encore. A sa place, nous avons un régime factice, superficiel, qui aboutit, sous nos yeux, à l'anarchie et au socialisme.

Dans la sphère économique, à la place d'un ordre de justice et d'égalité, il n'y a partout que désordre, corruption systématique, misère légale, ruine forcée. Nous en aurons la preuve en interrogeant les principaux phénomènes de l'économie sociale.

Logiquement, la première des forces économiques, c'est la *division du travail*. Dans une industrie quelconque, c'est le partage de la main-d'œuvre, moyennant quoi chaque personne faisant toujours la même opération, le produit, au lieu de sortir intégralement des mains d'un seul ouvrier, devient l'œuvre commune de plusieurs. Suivant Adam Smith, qui le premier démontra scientifiquement cette loi, cette distribution du travail est le grand levier de l'industrie. C'est à elle principalement qu'il faut attribuer la supériorité de bien-être des peuples civilisés, sur les peuples sauvages. Sans la division du travail, l'emploi des machines ne serait pas allé au delà des plus vulgaires outils ; les prodiges de la mécanique ne nous eussent jamais été connus ; le progrès matériel eut été interdit ; la révolution française elle-même, manquant d'issue, n'eut été qu'une révolte stérile. Par la division du travail, le produit monte au décuple et au centuple ; l'économie politique s'élève à la hauteur d'une science ; le niveau intellectuel d'une nation peut grandir. Le premier devoir d'une société, destinée à s'organiser pour le travail et la paix, c'était donc la séparation des fonctions industrielles, la division du travail.

Il n'en a pas été ainsi, cette puissance économique a été laissée sans règle ; elle a été livrée à toutes les convoitises de l'intérêt, à toutes les subversions de l'égoïsme. Pour perfectionner et multiplier les produits du travail, le partage de la main-d'œuvre a été de plus en plus parcellaire et sans correctif. Dès lors, l'ouvrier a été livré à un machinisme dégradant. « L'art fait des progrès, dit Tocqueville, l'ouvrier rétrograde ». Plus l'industrie est productive, plus elle crée de richesses à l'entrepreneur et au capitaliste, plus elle appauvrit l'ouvrier dans son corps et dans son âme. L'intelligence du travailleur décroit, la valeur de la main-d'œuvre tend à se réduire. Mais, plus la valeur de l'ouvrier baisse, plus la demande du travail faiblit, plus le salaire diminue, plus la misère augmente. Et ce ne sont pas quelques centaines d'hommes qui sont victimes de cette pertubation industrielle ; ce sont des millions.

La *concurrence* est, après la division du travail, un des agents les plus énergiques de l'industrie et une de ses garanties les plus précieuses. C'est pour elle, en partie, qu'à été faite la première révolution. Les associations ouvrières lui ont donné une sanction nouvelle, en établissant le travail aux pièces et en répudiant l'idée absurde de l'égalité des salaires. La concurrence est la loi du marché, le condiment de l'échange, le sel du travail. Supprimer la concurrence, c'est supprimer la liberté même, c'est commencer la restauration de l'ancien régime par en bas, en replaçant le travail sous le régime du favoritisme.

Or, la concurrence, dépourvue de formes légales et de raison régulatrice, s'est pervertie comme la division du travail. D'abord, sur trente-huit millions d'âmes qui composent le peuple français, dix millions au moins appartiennent à la classe salariée, à laquelle la concurrence est interdite et n'ont de lutte entre eux que pour leur maigre salaire. En sorte que la concurrence qui, dans la pensée de 89, devait être de droit commun, est aujourd'hui chose d'exception et privilège : ceux-là seule à qui leurs capitaux permettent de devenir entrepreneurs, peuvent exercer leur droit à la concurrence. En vain, vous aurez le génie de l'invention et l'esprit du travail ; en vain vous aurez fait quelque découverte et réalisé quelque perfectionnement : si les capitaux vous manquent, votre initiative est perdue et ne s'exercera qu'au profit d'un Crésus, cousu d'or.

Il en résulte que la concurrence, au lieu de démocratiser l'industrie, de soutenir le travailleur, de garantir la sincérité du commerce, n'a servi qu'à former une aristocratie mercantile et territoriale, mille fois plus rapace que l'aristocratie nobiliaire ; que, par elle, tous les profits de la production passent du côté des capitaux ; que le consommateur, sans défense contre les fraudes commerciales, est rançonné par le spéculateur, empoisonné par le fabricant, volé par le petit marchand. La condition de l'ouvrier est de plus en plus précaire. La classe ouvrière est, comme le dit Eugène Buret, « livrée *corps et âme* au bon plaisir de l'industrie ». « Quoi ! s'écrie un autre, la concurrence devait nous rendre de plus en plus égaux et libres et voici qu'elle nous subalternise les uns aux autres, qu'elle rend le travailleur progressivement esclave ! Il y a ici corruption du principe, oubli de la loi. Ce ne sont pas là de simples accidents de travail ; c'est tout un système d'infortunes. »

De toutes les forces économiques, la plus vitale dans une société labourée par la révolution, c'est le *crédit*. Dans une nation vouée au travail, le crédit est, comme la circulation du sang dans l'animal, la source de la nutrition, la vie même ; il ne peut s'interrompre que la société ne soit en péril. Depuis deux siècles, tous les efforts de la bourgeoisie n'ont tendu qu'au crédit et à la paix. De toute la politique, le villageois ne comprend que la diminution de l'impôt. Quant à l'ouvrier, si merveilleusement doué pour le travail, il ne comprend du crédit, que la taille du boulanger. Après l'abrogation des droits féodaux et le nivellement des classes, s'il est une institution qui répondit aux vœux unanimes et se recommandât aux législateurs, c'est le crédit. Et, pourtant, aucune de nos déclarations de droits, si pompeuses ; aucune de nos constitutions, si polixes, n'en dit mot. Le crédit, comme la division du travail, comme l'application des machines, comme la concurrence, est abandonné à lui-même ; le pouvoir *financier*, bien autrement considérable que l'exécutif, le législatif, le judiciaire, n'a pas même eu l'honneur d'une mention dans nos chartes. Après comme avant la révolution, le crédit s'est comporté comme il a plu aux détenteurs du numéraire.

Qu'est-il résulté de cette incroyable négligence ?

D'abord, que l'accaparement et l'agiotage, s'exerçant de préférence sur le numéraire, qui est à la fois l'instrument des transactions industrielles et la marchandise la plus recherchée, la plus productive et la plus sûre, le commerce de l'argent s'est rapidement concentré aux mains de quelques monopoleurs, dont l'arsenal est la Banque ;

Ensuite que les Juifs, par divers moyens imprévus à la loi et insaisissables à la justice, ont mis la main, par les capitaux, sur toutes les affaires, et se sont créé une espèce d'autocratie financière qui leur livre, sans merci, les peuples chrétiens ;

Que dès lors le pays et le gouvernement ont été inféodés au capitalisme et à la juiverie ;

Que, grâce à l'impôt perçu par cette bancocratie, sur toutes les affaires agricoles et industrielles, la propriété s'est progressivement hypothéquée de 15 milliards et l'État de plus de 30 ;

Que les intérêts payés par la nation pour cette double dette, frais d'actes, renouvellements, commissions, retenues à l'emprunt, s'élèvent à deux milliards, au moins, par année ;

Que cette somme énorme n'exprime pas encore tout ce que les producteurs ont à payer à l'exploitation financière et qu'il convient d'y ajouter un troisième milliard, pour escomptes, avances de fonds, retards de paiement, actions de commandite, dividendes, obligations sous-seing privé, frais de justice, etc. ;

Que la propriété, rançonnée par la Banque, dans ses relations avec l'industrie, a dû suivre les mêmes errements, se faire à son tour agioteuse et usurière vis-à-vis du travail.

Si bien qu'aujourd'hui ceux dont le travail crée toutes choses, ne peuvent ni acheter leurs propres produits ni s'en procurer les jouissances. Tout au contraire, il est de nécessité économique, dans le système actuel du crédit, avec la désorganisation croissante des forces industrielles, que le pauvre, en travaillant davantage soit toujours plus pauvre, et que le bourgeois soit, sans travailler, toujours plus riche.

On dit que c'est abuser de la dialectique ; que les capitaux, la terre, les maisons ne peuvent se louer pour rien ; que tout service doit être payé. — Soit. J'accorde que la prestation d'une valeur, de même que le travail qui la crée, est un service qui mérite récompense. Mais je soutiens que le crédit est trop cher, que le taux de l'argent peut baisser et qu'il ne tient qu'à la nation qu'il en soit ainsi. Qu'on n'argumente pas de l'impossibilité. Il en est des droits seigneuriaux des capitalistes, comme des droits féodaux et des privilèges de l'ancien régime. Rien de plus aisé que de les abolir, et il faut, pour le salut même de la propriété, qu'ils soient abolis ou, du moins, abaissés.

Croit-on que les révolutionnaires de 89, qui portèrent avec tant d'ardeur la cognée sur le tronc féodal, n'en eussent extirpé jusqu'aux moindres racines, s'ils avaient prévu qu'elles allaient pousser de pareils rejetons ? Croit-on qu'ils eussent rétabli les justices seigneuriales et les parlements sous d'autres noms et d'autres formes ? Qu'ils eussent refait l'absolutisme en le baptisant d'un nom constitutionnel ? Qu'ils eussent asservi les provinces comme auparavant, sous prétexte de centralisation et d'unité ? Qu'ils eussent sacrifié les libertés et le travail, en leur donnant, pour garantie, un prétendu ordre public qui n'est qu'anarchie, corruption et force brutale ?

J'irai plus loin. Notre société bourgeoise ne tend pas seulement, par la déviation de ses principes, à l'appauvrissement du producteur, à la soumission du travail au capital ; elle tend encore à faire, des ouvriers, une race d'îlotes, inférieurs, comme autrefois, à la caste des hommes libres ; elle tend à ériger en dogme politique et social, l'asservissement de la classe laborieuse, la nécessité de la misère, presque la fatalité du vice.

C'est en vertu de cette politique que le vin, la viande et beaucoup d'autres choses sont exclues de la liste des objets de consommation usuelle ; et que tant de gens mangent habituellement des pommes de terre, des châtaignes, des gaudes et autres aliments.

C'est par les effets de ce régime que la constitution du travailleur s'est affaiblie ; que la taille des conscrits a dû être, depuis cent ans, diminuée de trois pouces ; que la statistique criminelle va sans cesse en augmentant, et que la population diminue.

Quand l'ouvrier a été démoralisé et ruiné par la division parcellaire du travail, par le service des machines, par les iniquités de la concurrence et les prélibations du crédit ; quand il a été découragé par la baisse des salaires, exténué par le chômage, affamé par le monopole, abruti par le désespoir ; quand il n'a plus ni pain ni pâte, ni sou ni maille, ni feu ni lieu ; qu'il est acculé à la ruine ou au suicide, affolé par l'ivrognerie, il mendie, il maraude, il filoute, il vole, il assassine. Après avoir passé par la main des exploiteurs ; après avoir été tondu, écorché, saigné, sucé, religion à part et Église proscrite, il tombe entre les mains de la justice et ne relève plus que des garde-chiourmes ou du bourreau.

Est-ce clair ?

Il y a cas de révolution, et cette révolution imminente, chaque jour plus visible, ne peut être conjurée que par l'avènement du quatrième état.

III

L'exploitation gouvernementale.

C'est par le contraste de l'erreur que la vérité s'empare des intelligences. Au lieu d'établir la liberté sociale et l'égalité économique, la Révolution a transmis à l'État l'absolutisme du prince ; elle a détruit tous les organismes traditionnels des fonctions civiles et subordonné les individus à la toute-puissance de l'État. L'État, chaque jour grandi, doté de prérogatives et d'attributions sans fin, se charge de penser et d'agir pour nous, ou plutôt, veut tout soumettre à ses ordonnances. Comment s'est-il acquitté de cette tâche ? Quel rôle, abstraction faite de son organisation changeante, le gouvernement a-t-il joué, depuis cent ans, pour assurer le bien-être du peuple ? Là est maintenant la question.

Je ne dis point que nos hommes d'État soient sans cœur. Leur intérêt même leur fait un devoir de paraître, de temps en temps, se préoccuper du sort des petits et de la détresse des pauvres. L'un réclame pour les instituteurs ; l'autre parle contre l'emploi, prématuré et excessif, des enfants et des femmes

dans les manufactures. Celui-ci demande le dégrève-
ment des droits sur les sucres, les huiles, le sel,
les vins, la viande ; celui-là provoque l'abolition presque complète des octrois et de la douane. A l'époque
des élections, l'élan est général. On ne parle plus partout que des réformes nécessaires, et, pour peu que
vous lisiez les papiers électoraux, vous verrez miroî-
ter sous vos yeux, des visions de félicité, des splen-
deurs d'âge d'or, à pleurer d'attendrissement.

Ces promesses ne sont-elles pas de pures chimères !
Et, pour les réaliser, ne faut-il pas une reconstitution
politique du pays, je veux dire une pacifique révolution qui, par le suffrage universel, mette au pouvoir
le quatrième état ?

Le gouvernement est l'organe actif de la société.
Ce qui se passe en elle de plus intime, de plus com-
pliqué, s'accuse, dans le pouvoir souverain, avec une
franchise toute militaire et une crudité fiscale. L'argent est, ici-bas, le nerf de toutes les opérations. Au
pouvoir central et à ses agents sur tous les points du
territoire, il faut un budget. Plus le pouvoir s'étend,
plus les services se compliquent, plus les fonction-
naires se multiplient, plus doit se grossir le budget
de l'État et s'affirmer son crédit. Or, par l'expression
financière de sa charge, le pouvoir a une tendance
rétrograde et subversive ; il appauvrit ceux qu'il de-
vrait enrichir et, sous couleur de les protéger, les
réduit à la misère. .

Il y a un siècle, à la veille de la Révolution de 1789, la royauté dépensait, par an, 650 millions. Le déficit, il est vrai, était chronique et les impôts semblaient d'autant plus lourds, qu'ils étaient inégaux et mal répartis. Néanmoins, quand on réunit les États généraux, il ne s'agissait, pour l'Assemblée Constituante, que d'augmenter les recettes publiques d'une centaine de millions. Combien nous sommes loin des chiffres d'il y a cent ans !

Durant les dernières années du règne de Louis-Philippe, le budget était de 1629 millions de francs. Dix ans plus tard, en 1857, il s'élevait à 1892 millions. En 1869, il ne dépassait pas deux milliards 145 millions.

Les désastres qui signalèrent la fin du second empire, le paiement d'une énorme rançon à l'Allemagne, enfin la réorganisation de l'armée et de notre système de places fortes, entraînèrent naturellement, à partir de 1871, un énorme accroissement de notre budget. Toutefois, jusqu'en 1877, les conservateurs restant au pouvoir, les dépenses, tant ordinaires qu'extraordinaires, n'excédèrent guère trois milliards.

Mais, avec l'année 1878, commence une ère nouvelle. Les républicains, qui se sont appelés opportunistes, arrivent au pouvoir. Pour donner à leur gouvernement, une popularité considérable ; pour que ses partisans puissent dire qu'il se lance dans plus d'entreprises que les gouvernements antérieurs, qu'il répand dans le pays une plus grande massè de salai-res, qu'il paie mieux un plus grand nombre de fonc-tionnaires, la majorité des Chambres s'ingénie à mul-tiplier les dépenses. L'opposition a beau répéter qu'une nation s'appauvrit à trop dépenser; que la lourdeur d'un budget n'est pas une preuve de la pros-périté publique : on ne tient compte ni de ses sages conseils, ni de ses justes reproches. Une sorte de ver-tige entraîne les ministres et le parlement.

C'est à partir de 1878 que nous avons deux budgets au lieu d'un, comme si un seul ne suffisait pas pour nous accabler : le budget *ordinaire* suffit au service gouvernemental ; le budget *extraordinaire*, — très -extraordinaire, en effet, — est réservé aux grandes, j'allais dire aux folles entreprises. En voici le bilan :

De 1878 à 1880, dépenses des deux budgets.. .		10,035,000,000
De 1881 à 1883	—	11,018,000,000
De 1884 à 1886	—	10,577,000,000
	Total	31,630,000,000

En neuf ans, pour les besoins de l'État, les purs républicains de l'opportunisme, les congénères de Rozet, de Rouvre et autres galvaudeux, ont prélevé, pour les besoins de l'État, sur les revenus et sur les produits du travail de chacun de nous *trente-et-un* milliards six cent trente millions de francs.

En même temps que les purs des purs, genre Rozet et de Rouvre, prélevaient ces trente et un milliards et demi, ils effectuaient plusieurs émissions de rente, savoir :

3 0/0 amortissable pour.	3,224,000,000
3 0/0 ordinaire pour	1,000,000,000
Prêts des compagnies à l'État.	500,000,000
Bons du trésor.	500,000,000
Total	5,224,000,000

Je dis cinq milliards deux cent vingt-quatre millions.

En huit ans, nous arrivons au total général de trente-six milliards, huit cent cinquante-quatre millions.

Ces chiffres ne sont pas assez connus ; ils mériteraient d'être davantage portés à la connaissance du public : car ils démontrent que nous avons été mal gouvernés. Mais, dira-t-on, rien n'est compromis ; on n'a qu'à moins dépenser à l'avenir et l'économie se rétablira dans nos finances. Il est fort à craindre qu'en raisonnant ainsi, on ne se fasse illusion. Les économies ne sont pas aussi faciles à réaliser que beaucoup de gens le croient. En outre, un gouvernement, si bien intentionné qu'on le suppose, ne parvient pas aisément à remplacer la prodigalité par la parcimonie. Pour arriver à la diminution des dépenses publiques, il faudrait un changement de système ; il faudrait que nos gouvernants avouassent qu'ils se sont trompés ; il faudrait qu'on les vit renoncer à construire des chemins de fer sans trafic, des ports sans commerce, à la laïcisation des écoles sans élèves, à la multiplication insensée des agents et des pensionnaires de l'État, etc. Ce serait une belle chose ; mais est-il permis d'espérer que ceux qui ont mis à mal les finances de l'État aient jamais l'énergie d'accomplir une telle transformation.

Et pourtant le salut du pays l'exige : il faut mettre une limite et un frein au développement des dépenses publiques. Aussi bien, pour les effectuer, on ne s'est pas borné à obérer le présent ; on a engagé l'avenir.

On impose, avec quarante milliards de dettes publiques, une servitude telle qu'il n'en a existé aucune, en aucun temps et chez aucun peuple.

En même temps, on demande, à ce même peuple, deux millions d'hommes, chair à canon, pour qui, on cherche tous les moyens d'extermination la plus expéditive.

Le système, actuellement suivi, ne se contente pas de ruiner, il tue. Et, chose singulière, c'est presque une idée reçue, que pour assurer la prospérité du régime, il faut, de temps en temps, une forte saignée. On tue, comme cela, un million d'hommes, pour que les autres vivent un peu plus à leur aise. Et nous faisons la guerre au Dahomey, pour le punir de ses sacrifices inhumains. Le Dahomey se contente à moindres frais.

En cent ans, le budget français a donc augmenté sans cesse et sans fin. L'État exerce, chaque jour, sur le citoyen français, les plus forts prélèvements. Dans les autres contrées de l'Europe, l'impôt annuel, par tête, n'atteint que de modestes chiffres ; en France, il est double, triple, quadruple. Il serait absurde d'attribuer uniquement cette augmentation à l'incapacité des ministres et à la politique du gouvernement. Expliquer par l'insuffisance des hommes, un phénomène aussi constant, aussi triste, alors surtout que cet accroissement a son corrélatif dans le progrès des hypothèques et des inscriptions au grand livre, est aussi absurde que d'attribuer les maladies à l'ignorance des médecins. C'est l'hygiène qu'il faut surtout mettre en cause ; c'est notre régime social qu'il faut réformer.

Ainsi le gouvernement politique, considéré comme instrument d'ordre, garantie de liberté, suit la même marche que la société économique : il s'endette de plus en plus et tend à la banqueroute. Et comme la société, livrée à l'anarchie des forces économiques, tend à supprimer la démocratisation du sol et à reconstituer deux castes, l'une de prolétaires, l'autre de bourgeois ; de même le gouvernement tend à se concerter avec cette aristocratie nouvelle, pour consommer l'oppression du prolétariat.

De cela seul que les puissances sociales sont laissées, depuis cent ans, à l'état inorganique, il résulte une inégalité de condition, qui n'a pas seulement sa base dans l'inégalité des facultés humaines ; mais qui se fait un nouveau prétexte des fautes de la société, et ajoute, parmi ses titres, aux caprices de la nature, les injustices de la fortune. Le privilège, aboli par la loi, renait, au profit de la bourgeoisie, du défaut de justice ; ce n'est pas seulement un effet de la nature, c'est un vice de la civilisation.

Une fois justifié dans l'ordre de la nature et des institutions humaines, que manque-t-il, au privilège, pour assurer définitivement son triomphe ? De mettre les lois en harmonie avec le fait, et c'est à quoi le gouvernement va tendre de toutes ses forces.

D'abord aucune loi ne le défend. De ce que l'inégalité, la fortune des uns et la misère des autres, découlent de la nature et des conditions de la société bourgeoise, c'est parfaitement légal. A ce titre, le privilège bourgeois a droit au respect des citoyens et à la protection du gouvernement.

Quel est le principe qui régit la société actuelle ? Chacun chez soi, chacun pour soi. Le privilège, résultat d'une condition favorisée, ruse d'industrie, effet de commerce, coup de bourse, est donc chose que tout le monde doit respecter. Quel est, d'un autre côté, le mandat du gouvernement ? De défendre chaque citoyen dans sa personne, sa propriété, son industrie. Or, si, par la nécessité des choses, la propriété, la richesse, le bien-être sont tous d'un côté, la misère de l'autre, il est clair que le gouvernement se trouve constitué pour la défense de la classe riche contre la classe pauvre. Pour la perfection du régime, ce qui existe en fait, doit être consacré en droit. C'est précisément ce que veut le pouvoir et ce que démontre d'un bout à l'autre l'analyse du budget.

Je ne saurais entrer, ici, dans le détail ; le côté général suffit : c'est dans la généralité que se reconnaît mieux la vérité.

Le mode de recettes est d'abord plein d'instruction. Depuis 1848, il est prouvé qu'on peut remplacer tous les impôts par une taxe unique ayant pour base le capital. Proportionnellement à la fortune de chacun, l'impôt serait établi avec une égalité presque idéale, réunissant à la fois les avantages de la proportionnalité et de la progression, sans aucun de leurs inconvénients. Dans ce système, le travail serait peu ou point frappé ; le capital, au contraire, méthodiquement atteint. Là où le capital ne serait pas protégé par le travail du capitaliste, il serait compromis ; tandis que l'ouvrier dont l'avoir ne s'élèverait pas à une quantité imposable, ne payerait rien. La justice dans l'impôt : ce serait le sommet de la science fiscale et la perfection de la société. Mais ce serait le gouvernement à rebours de ce qu'il est.

Le système d'impôts actuellement suivi est juste le contraire de celui-là. Le budget de 1789 fut dressé d'après les idées très fausses des physiocrates ; il fut voté sur cette donnée absurde que tous les biens viennent de la terre et que le producteur agricole doit supporter tous les impôts. Dans une société rustique, cette idée serait plausible ; dans une société ou l'industrie et le commerce créent autant de valeurs que l'agriculture, dans une société assujettie aux entreprises de la spéculation et aux prélèvements rigoureux du capital, cette idée n'est qu'un blanc-seing pour l'injustice. Tous nos budgets ont été dressés depuis d'après le budget-type des physiocrates. Quand les recettes et les dépenses étaient peu élevées, il n'en résultait pas, dans la société, un grand trouble. Avec un budget de quatre milliards, avec l'emprunt à jet continu, avec les prêts au gouvernement et les bons du trésor, les travaux publics prennent un essor vertigineux et la dette publique s'accroît dans la même proportion. L'extension des travaux publics fournit, à l'industrie, un outillage gigantesque ; elle accroit, dans la même proportion, la fortune et la puissance de la bourgeoisie. L'élévation continue des budgets lui assure un fort supplément de recettes et de forces. Tout ce qui se fait creuse entre la bourgeoisie et le peuple, un fossé plus profond. En comparaison, 1789 avec son déficit de cent millions et ses vieux abus dont l'accoutumance diminuait les rigueurs, n'est, rapproché de 1889, qu'une idylle. Malgré les bons désirs des bourgeois, malgré toutes les promesses des représentants du peuple, mesurez, je vous prie, les résultats. En bas, dépréciation du sol, l'agriculture en échec, le laboureur en ruine, une misère telle qu'on n'en vit jamais depuis le commencement du siècle ; en haut, on n'entend plus parler que de fortunes colossales et de brigandages financiers.

C'est en France que le gendre du président de la République payait, avec des croix d'honneur, les fournisseurs de son beau-père ; et quand la Chambre eut chassé le beau-père, les tribunaux acquittèrent le gendre.

C'est en France, que, dans une chambre des députés, on a parlé de cent-soixante députés achetés au prix de neuf millions, pour faire perdre un milliard et demi des économies du petit peuple : je dis quinze cent millions volés aux petites gens.

C'est en France que les juifs, avec la complicité d'un ministre, ont pu amener le *Krack* de l'*Union générale*, ruiner les familles chrétiennes, dire qu'elles les réduiraient à manger de l'herbe et que les enfants de l'Église ne mangeraient du pain qu'avec la permission des juifs.

C'est en France que des bourgeois mettent, chaque année, en cause, le budget des cultes, proposent de le supprimer, c'est-à-dire de faire une faillite de cinquante millions, opération qui rouvre le cycle des exécutions révolutionnaires et appelle, contre la bourgeoisie, la peine du talion.

Je pourrais remplir une page de faits semblables. Il vient de se publier un livre où l'on dresse la longue énumération des établissements voleurs. La chasse aux petites bourses, le vol organisé, cela se fait en plein soleil et ce n'est pas beaucoup plus malhonnête que nombre de choses qui se font, depuis cent ans, au profit des privilégiés de 89. Un sentiment de fierté patriotique m'interdit ces détails. Je n'écris pas pour exciter les nerfs et irriter les passions. Agiter est inutile à qui ne veut faire parler que les principes.

En principe, notre système d'impôts est conçu de telle manière que le producteur paie tout, le capitaliste rien. En effet, s'il est inscrit, pour une somme quelconque, au livre du percepteur, il est clair que son revenu se composant uniquement du fruit de ses capitaux, non de l'échange de ses produits, son revenu demeure franc d'impôt, puisque celui-là seul qui produit paie. Si le capitaliste à l'air de payer pour ses terres, pour sa maison, pour son mobilier, c'est une pure équivoque ; le capitaliste ne paie rien, il reçoit seulement un peu moins de fruits de son privilège et partage avec le gouvernement. Gouvernement et bourgeois font cause commune.

Les partisans du régime actuel se récrient fort contre ces critiques. Est-ce la faute des institutions, disent-ils, si une partie des milliards enlevés à la production, ne servent qu'à entretenir des sinécures et à solder des consciences ? Est-ce la faute de cette centralisation magnifique, si l'impôt pèse plus lourdement sur l'ouvrier que sur le propriétaire ? N'est-ce pas plutôt le crime de ministres incapables, de députés corrompus et dilapidateurs. Et dès lors que deviennent vos déclamations contre la bourgeoisie et le gouvernement ?

A merveille. Aux vices intrinsèques du régime, aux inclinations féodales de l'ordre social et politique, s'ajoute la corruption. Ceci, loin d'affaiblir le raisonnement, le corrobore. La corruption s'allie fort bien avec la tendance générale du pouvoir ; elle est un de ses éléments constitutifs.

Que veut le système ? Maintenir avant tout la féodalité capitaliste dans la jouissance de ses privilèges ; assurer, augmenter la prépondérance du capital sur le travail ; renforcer, s'il est possible, la classe bourgeoise, en lui ménageant partout, à l'aide des fonctions publiques, des créatures et au besoin des recrues ; reconstituer peu à peu et anoblir la grande propriété ; récompenser ainsi, par des voies indirectes, certains dévouements que le tarif officiel des places ne saurait satisfaire ; rattacher tout, enfin, secours, récompenses, adjudications, concessions, places, brevets, pensions, privilèges, offices ministériels, sociétés anonymes, administrations municipale s, au patronage suprême du gouvernement.

Telle est la raison de cette vénalité, dont les scandales surprendraient moins si l'on en pénétrait le mystère. Sous prétexte d'intérêt général, le but ultérieur de la centralisation, c'est d'exploiter les intérêts locaux en vendant la justice. La corruption même est l'âme du système.

En résumé, la révolution de 89 a reconstitué le gouvernement; mais elle lui a livré, dit Royer-Collard, la nation et ses droits. La liberté, l'égalité, le progrès, le bien-être, avec toutes leurs conséquences oratoires, se lisent dans les constitutions et les lois; il n'y en a pas trace dans les institutions. Une féodalité capitaliste, basée sur l'agiotage mercantile et industriel, la dépravation du droit, l'antagonisme des principes, le chaos des intérêts, a remplacé l'ancienne hiérarchie des classes. Les abus ont quitté la physionomie qu'ils avaient avant 89, pour prendre une autre organisation; ils n'ont diminué ni de gravité, ni de nombre. Par l'exagération des idées politiques et l'anarchie des forces industrielles, la société bourgeoise et le gouvernement sont arrivés à la ruine de l'agriculture et à l'esclavage de l'ouvrier. Le capital poussant l'État à l'extension toujours plus tyrannique de ses prérogatives, la classe travailleuse est condamnée à une déchéance physique, intellectuelle et morale, irréparable. C'est l'évidence même. Les statistiques et les enquêtes ont si fort élucidé la matière, qu'il y aurait sottise ou mauvaise foi à argumenter d'une politique meilleure, là où tout accuse l'impuissance du gouvernement et la reconstitution de l'ancien régime par les privilèges de la bourgeoisie.

Il y a raison suffisante de révolution; le tiers doit céder la place au quatrième état.

IV

Solution du problème social.

L'anarchie économique et l'exploitation gouverne-
mentale réclament une réforme. Où devons-nous en
découvrir les éléments, et d'après quels principes en
déterminer le programme ?

La société est un vaisseau qui flotte sur l'océan des
âges ; mais ses ancres doivent s'attacher au ciel.
Quand Dieu est exclu des choses humaines, s'élève
l'ouragan des passions ; la société, agitée par la tempête, chasse sur ses ancres, et menace de s'engouffrer
dans l'abîme.

Pendant mille ans et plus, l'ordre des choses divines et humaines avait été révélé par la religion, re-
présenté par l'Église, soutenu par l'État. Depuis un
siècle, la société française a coupé le câble qui la rat-
tachait à l'ordre chrétien ; par le fait, elle est contrainte
de trouver, dans l'ordre des intérêts, la solution des
destinées humaines. Dès lors, sa rupture avec l'Église
romaine et la religion catholique, la met en mal de
révolution.

Est-ce une société qui se décompose et qui va mourir ? est-ce une société qui se démène pour vomir le mal qui l'afflige et renouveler son antique puissance? Telle est l'alternative qui s'impose aux méditations du patriotisme et aux résolutions de la politique.

Le mal présent, s'il a sa cause dans la proscription de tout principe religieux et dans les passions que déchaîne l'absence de frein moral, se caractérise, dans ses *effets*, par la *guerre* entre les personnes, et par l'*instabilité* dans les institutions.

La guerre entre les personnes vise d'abord à l'abaissement des pouvoirs publics ; elle se poursuit au nom de l'*anarchie* et prend pour devise : *Ni Dieu, ni maître*.

L'instabilité dans les institutions nous a mis dans l'impossibilité de rien construire ; elle tend à se résoudre dans un ordre de propriété révocable, de travail et de contrats ; elle espère assurer, sans religion pratique, le bien-être du pauvre et du riche : telle est du moins l'ambition du *socialisme*.

L'anarchie et le socialisme sont, aujourd'hui, les deux grands périls de la France ; tous deux se présentent comme effets nécessaires, conséquences logiques et correctifs indispensables, des aberrations et des ignorances de 1789. Les docteurs et les chefs des deux factions affichent le dessein de compléter son œuvre et d'achever la révolution.

Le mal, au surplus, dépasse nos frontières et s'étend à tous les peuples de l'Europe. En Allemagne, sont les théoriciens; en Italie, l'état-major; en France, l'avant-garde.

Les théoriciens veulent refondre la société en bloc; l'état-major croit assurer l'opération en éliminant la papauté; l'avant-garde se met à l'œuvre en faisant sauter les maisons. Les augures du progrès sont en deuil.

A notre humble avis, tous les maux présents et futurs proviennent, pour la plus grande part, de la prépotence séculaire de la bourgeoisie et de la façon aveugle, égoïste, impie et cruelle dont elle a rempli sa mission.

Pour remédier à ces maux, il faut proclamer la déchéance sociale et politique de la bourgeoisie française; il faut asseoir la société sur le monde ouvrier, sur les travailleurs de la ville et des champs. C'est la partie la moins corrompue de la nation; c'est la réserve de l'avenir. L'avènement du quatrième état: voilà la solution du problème; voilà, pour cette fin de siècle, la grande tâche.

En 1789, la France a mis fin au monde féodal; elle a proclamé la *déchéance* du clergé et de la noblesse comme *corps privilégiés*; elle a détruit la *propriété privilégiée*, qui assurait la prépondérance sociale de la noblesse et de l'ordre sacerdotal. Cette révolution s'est effectuée au nom d'une déclaration des droits qui proclamait l'égalité de tous les hommes; mais, à beaucoup près, cette révolution n'a pas atteint son but. La révolution de 1789 n'a été qu'une *réforme bourgeoise* avec *translation de l'absolutisme* du prince, à l'État, anonyme et irresponsable. La bourgeoisie française, qui était, en 1789, un *ordre privilégié*, comme le clergé et la noblesse, a supprimé les privilèges de la noblesse et du clergé, pour s'attribuer à elle-même tous les privilèges. La hiérarchie des fonctions a été distribuée selon ce dessein ; le budget de l'État a été réglé en conséquence ; l'économie sociale n'a guère visé d'autre but. Depuis cent ans, les fils de la bourgeoisie se partagent tous les bénéfices de 89. A eux les fonctions ; à eux l'argent ; à eux les fruits de la propriété ; à eux toutes les jouissances ; — aux enfants du peuple, tout le travail et une médiocre part dans les produits. Depuis un siècle, telle est la loi.

Aujourd'hui de quoi s'agit-il ? De continuer, de compléter, d'achever la révolution de 1789 ; de faire passer, de la bourgeoisie au peuple, tous les avantages civils et politiques ; de proclamer la déchéance du Tiers comme ordre privilégié, pour élever le quatrième état ; de supprimer, ou, au moins, d'adoucir, au profit du travailleur, les prérogatives de l'argent et de la propriété industrielle : en un mot, de constituer, pour les ouvriers, un ordre de stricte justice.

Notre siècle a affranchi *politiquement* l'ouvrier en lui remettant le bulletin de vote, expression de sa quote-part dans la souveraineté nationale. Notre siècle doit affranchir *civilement* et *socialement* l'ouvrier, par l'emploi intelligent du bulletin de vote. Et les représentants du peuple doivent doter son travail d'avantages qu'il ne possède pas, sous le régime individualiste du privilège bourgeois ; ils le doivent soit en asseyant l'impôt sur d'autres bases ; soit en assurant au travail une rétribution plus équitable ; soit en offrant aux travailleurs, les plus faciles et les plus sages ressources de l'association ; soit enfin par toutes voies et moyens que peut découvrir le pieux concert de la charité et de la justice.

En énonçant ces vœux nous n'entendons pas renfermer l'homme dans la sphère matérielle des intérêts et des plaisirs. Nous savons, par la grâce de Dieu, que la religion est nécessaire pour rattacher le temps à l'éternité ; pour mettre, dans notre raison, la lumière ; dans notre cœur, l'amour ; dans notre volonté, la règle ; dans notre âme, la certitude joyeuse des espérances immortelles. Nous avons appris, par l'expérience, que la pauvreté est le principe de l'ordre social, la vocation de l'homme sur la terre, la loi inévitable de notre nature et de notre société ; il ne faut pas songer à nous y soustraire. La pauvreté est la poésie de l'existence humaine : c'est par elle que s'amasse lentement, au sein des générations silencieuses, la sève robuste d'où éclot le génie ; c'est par elle que l'âme s'habitue au détachement, se fortifie, s'épure et sait vaillamment gravir les âpres sommets. Nous avons appris par l'histoire, que l'appel aux jouissances terrestres est entendu des foules et se traduit suivant la loi des instincts. Mais quand le spiritualisme disparaît de la conscience populaire, ce n'est pas la vertu qui en profite. Le socialisme avec ses théories licencieuses, l'anarchie avec ses fureurs l'envahit tout entière, et le dernier mot de l'émancipation soi-disant philosophique, c'est l'avènement de la bestialité.

Nous écrivons pour conjurer ce malheur. Que le philosophe, inquiet comme nous de ces défaillances grossières, réagisse en montrant à l'homme d'autres destinées, lointaines, mystérieuses, réconfortantes : c'est son devoir et son honneur. Mais cette philosophie n'est que le privilège des esprits d'élite ; elle ne suffit pas pour remplir le cœur. C'est assez que le savant souffre ou désire, pleure ou rêve, pour sentir que la science, qui prétend répondre à tout, ne suffit à rien. C'est parce que l'humanité ne peut se suffire, qu'elle a le tourment de l'infini. L'aspiration religieuse est la protestation universelle de l'âme contre les fatalités de la terre.

Quiconque souffre dans son cœur ou dans sa chair, lève d'instinct la tête vers le ciel, pour y chercher le secours dans l'épreuve et l'espoir des compensations éternelles. Ainsi faisait-on aux époques de foi et ceux qui le font encore, trouvent, à leur détresse, un adoucissement certain. Les philosophes, les moralistes, les poëtes nous ont-ils assez répété qu'il n'est pas de bonheur durable et que le bonheur réel, dès qu'on y touche, s'évanouit. Et de fait, que vaudrait pour la plupart des hommes, cette pauvre vie, si leur sort se résume dans l'ascension du calvaire qui va de la naissance à la mort ! Demandez à ceux qui aiment, demandez surtout à ceux qui pleurent, si leur cœur ne bat pas pour l'éternité ! Vous avez la faculté de croire que ce sont là des illusions enfantines ; vous n'avez pas le droit de le dire. La vraie fin de l'homme, c'est le bonheur et non la vérité ; l'illusion même serait sacrée, si elle console. Je ne veux pas de cette science qui tue. Dévaster à plaisir l'âme humaine, couper les liens qui la rattachent au ciel, enseigner qu'il n'y a sur nos têtes que l'immensité du vide, que la foi est une hallucination, la prière une folie, l'espérance un mensonge, que nous appartenons tout entiers à la terre, que nous sortons du néant, que rien ne survivra de nous, rien de ceux que nous aimions et que nous voulions revoir : c'est peut-être du dilettantisme de philosophe bien renté, bien repus, bien gras, mais c'est un métier d'assassin.

Je veux la religion respectée ; l'Église libre.

Je veux que l'Évangile et le Christianisme couvrent de leur protection l'ordre social et s'élèvent comme un boulevard, contre l'anarchie et le socialisme.

Je ne veux pas seulement que la religion du Christ serve au salut des particuliers, constitue la famille et éclaire de ses rayons dispersés, les sciences, les arts et les lettres. Je veux qu'elle pénètre la société de ses principes ; qu'elle la vivifie de sa grâce, qu'elle soutienne les mœurs et les institutions, qu'elle assure l'ordre des personnes, l'économie des biens, la sagesse de l'administration, l'équité des jugements, la force de la nation française.

Je veux l'élévation du quatrième état, mais je ne demande pas son élévation par le crime.

Je veux que cette élévation des classes travailleuses s'effectue sous l'impulsion connexe de la vertu et de la justice. Je veux qu'elle se produise suivant l'ordre de civilisation décrit dans les deux Encycliques *Immortale Dei* et *Libertas*, d'après les lois économiques exposées dans l'Encyclique *Rerum novarum.*

Je veux que le clergé, allié à la démocratie, aidé la démocratie dans son ascension continue, dernier terme du progrès possible ici-bas.

Mais citons, de la lettre pontificale, les paragraphes qui viennent à la question :

« L'équité demande que l'État se préoccupe des travailleurs (1) et fasse en sorte que de tous les biens qu'ils procurent à la société, il leur en revienne une

(1) Nous entendons, par *travailleurs*, les patrons et les ouvriers. Le type de l'atelier-modèle, c'est la famille ; et, pour la famille, la source de toute grâce, c'est le sanctuaire de la divinité. Est-il besoin d'ajouter que par *travailleurs*, nous n'entendons pas les paresseux, les débauchés, les ivrognes, mais les ouvriers sobres, laborieux, honnêtes, dévoués aux intérêts de la maison qui assure leur bien-être et peut faire leur fortune. Ce n'est pas en ruinant le patron qu'on enrichit l'ouvrier, c'est tout le contraire.

part convenable, comme l'*habitation* et le vêtement, et qu'ils puissent vivre au prix de *moins de peines et de privations*. D'où il suit que l'État doit favoriser tout ce qui, de près ou de loin, paraît de nature à améliorer leur sort. Cette sollicitude, bien loin de préjudicier à personne, tournera au contraire *au profit de tous* : car il importe souverainement à la nation que des hommes qui sont pour elle *le principe* de biens aussi indispensables, ne se trouvent point continuellement aux prises avec les horreurs de la misère.

« L'ouvrier qui percevra un salaire assez fort pour parer aisément *à ses besoins* et *à ceux de sa famille*, suivra, s'il est sage, le conseil que semble lui donner la nature elle-même : il s'appliquera à être parcimonieux et fera en sorte, par de prudentes épargnes, de se ménager *un petit superflu* qui lui permette de parvenir un jour à l'acquisition d'un *modeste patrimoine*. Nous avons vu, en effet, que la question présente ne pouvait recevoir de solution vraiment efficace, si l'on ne commençait par poser comme principe fondamental l'inviolabilité de la propriété privée. *Il importe donc que les lois favorisent l'esprit de propriété, le réveillent et le développent autant qu'il est possible dans les masses populaires.* Ce résultat, une fois obtenu, serait la source des plus précieux avantages, et d'abord d'une répartition des biens certainement plus équitable. La violence des révolutions politiques a divisé le corps social *en deux classes*, et a creusé entre elles un *immense abîme*. D'une part, la toute-puissance dans l'opulence : une fraction qui, maîtresse absolue de l'industrie et du commerce, détourne le cours des richesses et en fait affluer en elle toutes les sources ; fraction d'ailleurs qui tient en sa main plus d'un ressort de l'administration publique. De l'autre, la faiblesse dans l'indigence : une multitude, l'âme ulcérée, toujours prête au désordre. Eh bien ! que l'on stimule l'industrieuse activité du peuple par la perspective d'une participation *à la propriété* du sol, et l'on verra se combler peu à peu l'abîme qui sépare l'opulence de la misère, et s'opérer le rapprochement des deux classes ».

Rendez l'ouvrier propriétaire et vous opérerez le rapprochement des classes, dit le Pape.

Rendez l'ouvrier propriétaire et non seulement vous aurez fait marcher d'un grand pas la question sociale, mais encore vous aurez placé sûrement vos capitaux.

D'ailleurs, le Pape fait cette recommandation :

« — Mais une condition indispensable pour que tous ces avantages deviennent des réalités, c'est que la *propriété privée* ne soit pas *épuisée* par un excès de charges et d'impôts. Ce n'est pas des lois humaines, mais de la nature qu'émane le droit de propriété individuelle : l'autorité publique ne peut donc l'abolir ; tout ce qu'elle peut. c'est en tempérer l'usage et le concilier avec le bien commun. C'est pourquoi elle agit *contre la justice et l'humanité* quand, sous le nom d'impôts, elle *grève outre mesure* les biens des particuliers ».

Ces paroles du Pape éclairent, de leurs reflets, une triste situation. C'est un fait cent fois prouvé que le sort du travailleur est plus dur que jamais. La modicité des salaires, la fréquence des chômages, les combinaisons de la haute industrie, les exploits de la haute banque mettent, au pied de la lettre, l'ouvrier à néant. D'après une statistique du Dr Bertillon, il est mort, dans une seule année, en France, de misère et de privations, 136.000 victimes. D'après une autre statistique, les ouvrières en couches, obligées de reprendre trop tôt leur travail, voient mourir, de leurs enfants, 95 sur cent. D'après une troisième statistique, sur deux millions d'habitants, que compte Paris, environ 500.000 sont à l'assistance publique, le quart ; sans compter ceux qu'assistent la charité des fidèles et les aumônes de l'Église. Enfin d'après une quatrième statistique, pour 250.000 ouvriers, le salaire va de 3 à 4 francs ; et le salaire des ouvrières descend de 3 francs à 60 centimes. Il est évident qu'avec de pareils salaires, l'ouvrier ne peut vivre qu'à la condition de n'être jamais malade. Arrive un accident, c'est l'hôpital, c'est la misère, c'est le désespoir.

Devant une telle situation, qui ne saurait durer longtemps, au milieu de tous ces braves gens, qui sentent, et à juste titre, germer dans leur âme, contre la société, une haine implacable, apparaissent des sectaires, qui leur prêchent les doctrines les plus funestes, les théories les plus subversives. La guerre est faite à Dieu lui-même. Et devant le redoutable inconnu qui se dresse devant nous, en présence des événements qui peuvent surgir d'un moment à l'autre, tandis que les Français vont, tête baissée, à l'abîme, nous autres, prêtres, nous nous croiserions les bras !

Ah ! croyez-moi, des réformes s'imposent et à brève échéance ; car le peuple est las de souffrir, il ne peut plus attendre.

Il n'est pas juste, en effet, qu'à côté d'une insolente opulence, il y ait, comme l'écrivait Proudhon : « Cette faim de tous les instants, de toute l'année, de toute la vie, qui ne tue pas en un jour, mais qui se compose de toutes les privations et de tous les regrets, qui, sans cesse, mine le corps, délabre l'esprit, démoralise la conscience, abâtardit les races, engendre toutes les maladies et tous les vices ».

Mais, ces réformes, il ne faut pas les faire étourdiment, violemment. Autrement tout sera emporté dans la tempête et l'avènement du quatrième état sera ajourné d'un siècle.

Voilà pourquoi, à l'exemple du souverain pontife et suivant ses consignes, nous autres prêtres, porteurs des divines espérances et prédicateurs de l'Évangile, qui est le plus beau code social, nous allons à tous ces braves gens découragés et exaspérés ; nous leur disons leurs droits et leurs devoirs ; nous mettons en présence les droits et devoirs des patrons, et, par cette conduite, aussi sage que dévouée, nous croyons garder le catholicisme intégral et ne porter aucune atteinte à la vertu de Jésus-Christ. Au contraire, nous avons la conviction intime de remplir la noble mission qu'il nous a confiée ; et si ce pauvre peuple voulait nous confier, en plus, le mandat de le représenter dans les assemblées souveraines, nous n'y paraîtrions, avec le caractère sacré du sacerdoce, que pour faire rendre justice aux pauvres et assurer le triomphe du quatrième état.

Mais, admirez, je vous prie, l'irréflexion et l'inconscience du prolétaire. La tâche de l'heure présente, c'est de faire capituler la prépotence bourgeoise, et, dans les élections, les prolétaires choisissent, pour les représenter, des bourgeois ; la mission du progrès c'est de faire fléchir la rente du capital, et les prolétaires nomment, pour les représenter, de gros richards ; l'œuvre fastique de l'époque, c'est de constituer socialement et politiquement le quatrième État, l'État des ouvriers, des travailleurs, des pauvres, et les pauvres, et les travailleurs, et les ouvriers excluent presque systématiquement, de la représentation nationale, les petits, les pauvres, les ouvriers. Dans leur aveuglement, maîtres de la situation par le nombre, ils se livrent, par le vote, pieds et poings liés, à la bourgeoisie ; ils rejettent, par le vote tous ceux que leur intérêt, leur expérience, leur dévouement, leur sens pratique, appelle et prépare à la solution du problème social. Les prolétaires sont frappés d'aveuglement ou de démence.

Jusqu'ici la plupart des élus du peuple sont des bourgeois ignares et égoïstes et c'est à ces bourgeois que les travailleurs demandent la consécration de leurs droits. Lisez les journaux de la classe dominante ; vous verrez qu'ils ne soupçonnent même pas les conditions du problème social. Il n'y a pas plus de sens réformiste, dans la tête de ces bourgeois, que dans le sabot d'un cheval. Mais, quand encore ces députés bourgeois auraient toutes les lumières qu'ils n'ont pas, ces élus des peuples seraient forcés, par leur situation, de se refuser aux vœux du peuple. Riches comme ils sont, chefs d'industrie, gros propriétaires, capitalistes, ce n'est pas d'eux que peut venir et que viendra jamais la suppression de leur majorat industriel et des privilèges du coffre-fort. Toute leur science, toute leur habileté, toute leur diplomatie, c'est de faire croire au peuple, qu'ils s'occupent de ses intérêts, quand ils s'occupent seulement de rendre plus lourd le joug qui pèse sur sa tête, ou quand, au moins, ils n'ont aucun souci d'en diminuer le poids.

En 1789, à l'Assemblée constituante, il y avait deux cents curés : ce sont ces curés qui firent la nuit du 4 août et amenèrent l'abdication de la noblesse. Si vous voulez résoudre, pacifiquement, par des lois, le problème social, envoyez deux cents curés à la Chambre.

L'Alsace, à demi-protestante, pour revendiquer son indépendance, envoie, à Berlin, ses prêtres ; la France, à demi-perdue par la corruption et le brigandage, si elle veut se reconquérir et se constituer en Etat populaire, doit envoyer des prêtres à Paris.

Oui, pour voir sur ce monde de misère et de servitude, se lever un rayon de soleil, il faut tourner ses regards vers l'Évangile ; il faut rendre plus libre l'action de l'Église ; il faut prêter l'oreille aux enseignements du Pape ; il faut appliquer les doctrines, les lumières et la grâce de Jésus-Christ à l'ordre des intérêts matériels et au monde du travail. Assez de bourgeois ; assez de Rozet, assez de Rouvre et de Danelle ; donnez-nous des hommes des temps nouveaux, des hommes qui aient l'intelligence de l'ouvrier et le cœur à sa fortune.

Chez tous les peuples, excepté en France, il y a des prêtres dans les parlements et nulle part la question sociale n'est aussi aiguë. Le prêtre n'a pas de passion à satisfaire, pas de famille à enrichir ; le prêtre c'est l'homme du peuple, parce que c'est l'homme de Dieu. Pour votre salut, présent et futur, nommez des prêtres.

Quant à moi, s'il m'est permis de venir après tous les autres, je dirai : Plus de persécution ! plus de gaspillages financiers ! affranchissement des communes ! constitution du quatrième État ! Voilà mon program-

me ; voilà ma profession de foi civique. A bas les privilèges de la bourgeoisie et vive la République sociale !
non pas la république des impies et des débauchés,
des juifs et des apostats, des satrapes et des saltim-
banques ; mais la république des honnêtes gens, la
république de l'ouvrier sérieux, de l'ouvrier souverain
et digne de sa souveraineté.

Tel est mon vœu ; il est d'accord avec mes convic-
tions et mon dévouement.

JUSTIN FÈVRE.

Imp. G. Saint-Aubin et Thevenot, St-Dizier (Hte-Marne), 30, Passage Verdeau, Paris.

DELHOMME et BRIGUET, éditeurs, Paris, 13, rue de l'Abbaye.
Lyon, 3, avenue de l'Archevêché.

HONNÊTE AVANT TOUT
Par M. le Chanoine RIBET
1 vol. in-12 de 327 pages. . . . . . . 3 francs.

Dans ce beau livre, dont le retentissement sera considérable, on entend d'un bout à l'autre le cri éloquent d'une conscience blessée par le lamentable spectacle qu'offre à l'observateur attentif la société contemporaine. M. Ribet estime que pour restaurer la morale évangélique, il faut d'abord lui donner dans les âmes le *substratum* indispensable de « l'honnête ». Il le définit, le loue comme il convient, le venge des outrages dont il est trop souvent victime. Il nous dit ce que deviennent sans lui l'individu, la famille, les dépositaires de l'autorité publique et démasque d'une main vigoureuse tant de prétendus « honnêtes gens », hypocrites vicieux, dont la vie est employée, *per fas et nefas*, à satisfaire d'inavouables passions. Plusieurs chapitres ne seront pas du goût de tout le monde et certains hommes à courtes vues crieront peut-être au scandale. Ils feraient mieux de poursuivre jusqu'au bout la lecture de ces pages vengeresses, sauf à entendre au fond de leur âme le cri de leur conscience trop longtemps faussée. *Tu es ille vir* ! dira-t-elle à plus d'un.
Nous souhaitons à cette œuvre courageuse la plus large diffusion.
(Revue Catholique de Bordeaux.)

Ce livre est remarquable par la saillie, la concision et l'à-propos. Les affirmations doctrinales y sont formulées avec une netteté qui révèle le professeur accoutumé aux notions précises. Mais la partie vive, entraînante, originale et véritablement actuelle est dans la description de nos mœurs, tout le long de l'échelle sociale, depuis le secret de la conscience et l'intime de la famille, jusqu'aux plus hautes fonctions de la vie publique.
Ces mœurs, l'auteur dit ce qu'elles devraient être, et aussi, hélas ! ce qu'elles sont. Les injures diverses que subit l'honnêteté sont esquissées et flétries d'une main vigoureuse, qui semble plutôt tenir le fouet que la plume. *(L'Autorité.)*

Le livre que vient de publier M. le chanoine Ribet, sous ce titre expressif : *Honnête avant tout*, est l'œuvre d'un moraliste vigoureux profondément attristé de l'abaissement des consciences modernes qu'il voudrait redresser en les rappelant à la pratique et aux principes de la vulgaire honnêteté.
Après avoir clairement établi l'ensemble des devoirs indispensables à ce titre si beau et si peu mérité d'honnête homme, M. Ribet analyse avec beaucoup de pénétration, la fonction du magistrat, du journaliste, du maître d'école, du prêtre dans l'ensemble de l'organisme social.
Ce livre contient aussi sur le Riche, sur le Juif, sur le Franc-Maçon, des chapitres tout à fait remarquables qui viennent apporter une force nouvelle aux études de M. Drumont sur ce sujet. Et nos lecteurs seront certainement heureux de lire cette œuvre vaillante d'une âme que la dissolution morale de notre temps a longtemps inquiétée. *(La Libre Parole.)*

Imp. G. Saint-Aubin et Thevenot, St-Dizier, 30, passage Vordeau, Paris.

www.ingramcontent.com/pod-product-compliance
Lightning Source LLC
Chambersburg PA
CBHW061227030726
47595CB00004B/1417